El parque acuático

Texto y fotos por
Anjeanetta Prater Matthews

¡Hace tanto calor en el verano! Por eso, nos vamos al parque acuático.

2

Primero, mi hermanito se pone un chaleco salvavidas.

Esto lo va a proteger.

4

Él se desliza en el tobogán primero.

¡Plas! ¡Se cae en el agua!

6

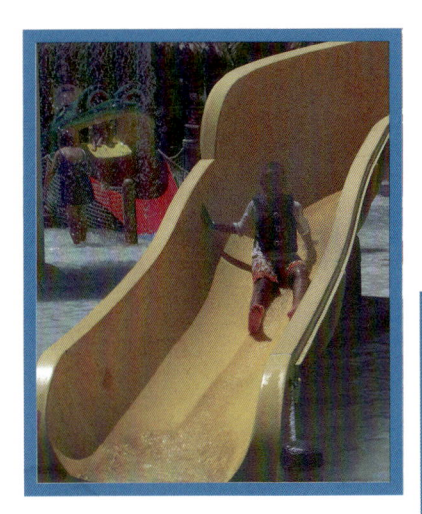

Después, nosotras flotamos en el río en nuestro tubo.

8

Ahora comemos el almuerzo.

¡Tenemos mucha hambre!

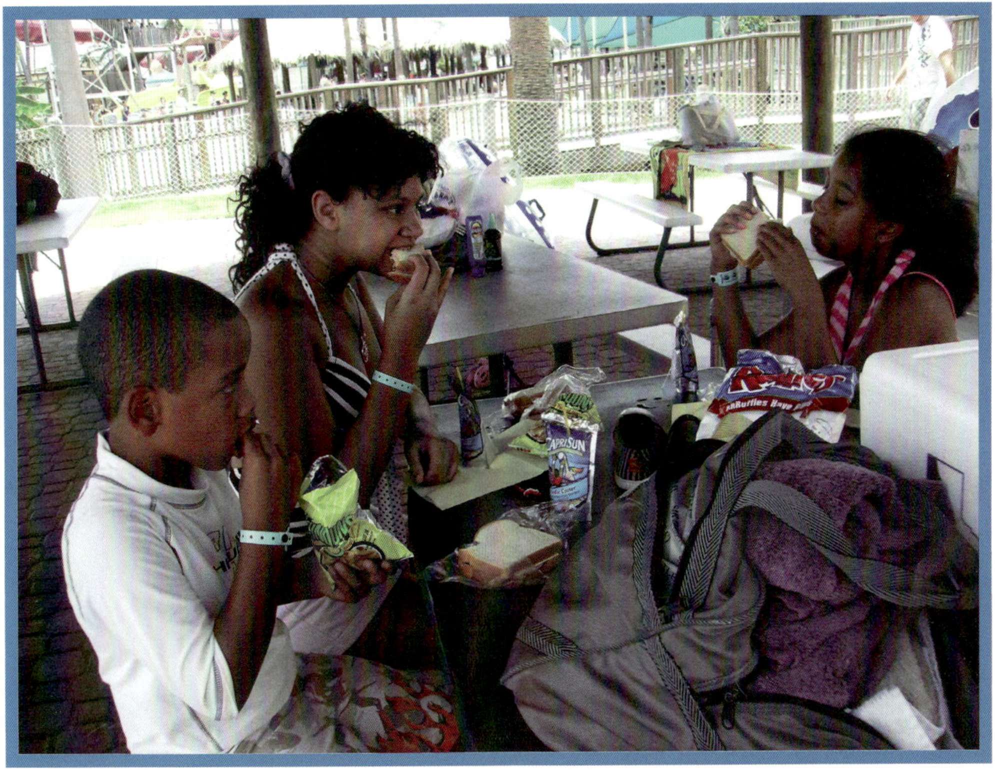
CAPRISUN

Por fin, es hora de montarnos en nuestro barco favorito.

¡Nos da miedo pero al mismo tiempo es divertido!

¡Gritamos muy fuerte!

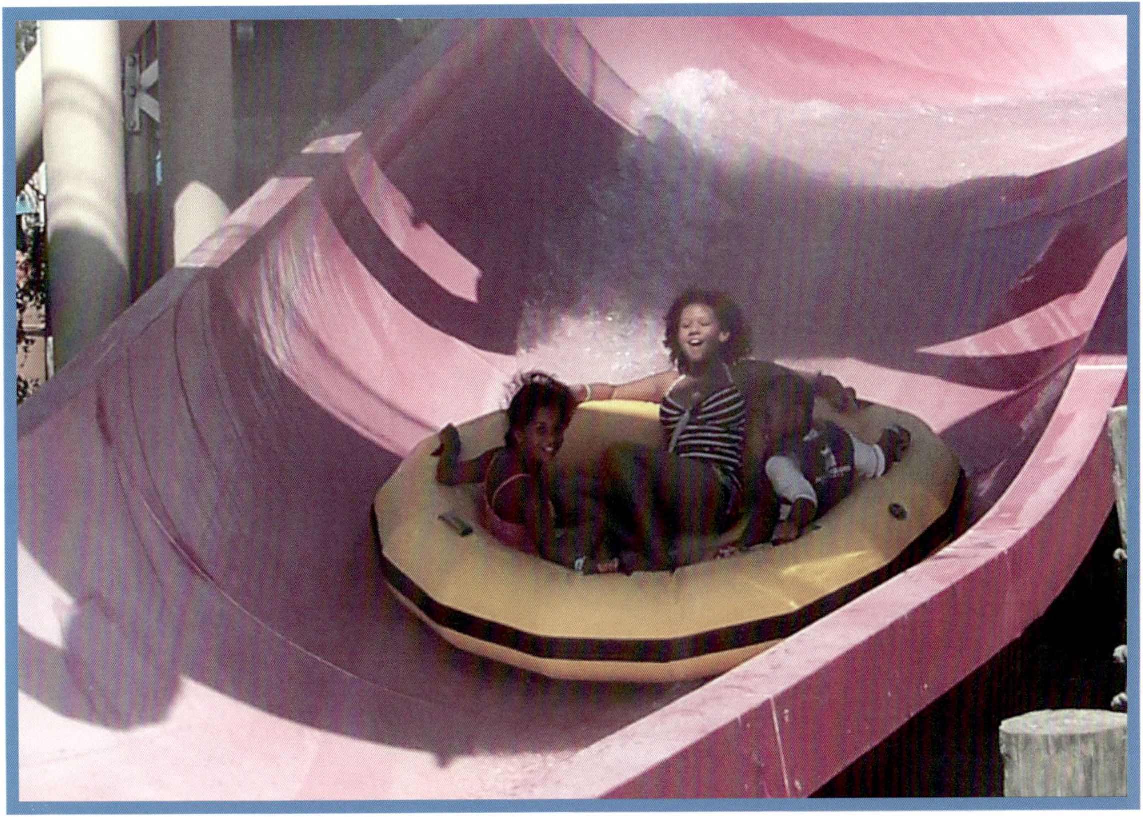

Se está oscureciendo y el parque está cerrando.

¡Estamos tan cansados pero nos divertimos mucho en el parque acuático!

14